AF305442

SOCRATE,

OUVRAGE

DRAMATIQUE,

TRADUIT DE L'ANGLAIS

DE

FEU MR. TOMPSON.

AMSTERDAM,

MDCCLIX.

PRÉFACE

DE

Mr. FATEMA

TRADUCTEUR.

ON a dit dans un livre, & répété dans un autre, qu'il est impossible qu'un homme simplement vertueux, sans intrigue, sans passions, puisse plaire sur la Scène. C'est une injure faite au genre humain; elle doit être repoussée, & ne peut l'être plus fortement que par

A 2

la

la piéce de feu Mr. Tompson. Le
Célébre Adisson avait balancé long-
temps entre ce sujet & celui de Caton. Adisson pensait que Caton était
l'homme vertueux qu'on cherchait ;
mais que Socrate était encor au dessus. Il disait que la vertu de Socrate avait été moins dure, plus humaine, plus résignée à la volonté
de Dieu, que celle de Caton ; ce
Sage Grec, disait - il, ne crut pas
comme le Romain qu'il fut permis
d'attenter sur soi - même, & d'a-
bandonner le poste où Dieu nous a
placés. Enfin Adisson regardait Caton comme la victime de la liberté,
& Socrate comme le martyr de
la sagesse. Mais le Chevalier Richard Steele luï persuada que le
sujet

ſujet de Caton était plus théatral que l'autre, & ſurtout plus convenable à ſa nation dans un temps de trouble.

En effet, la mort de Socrate aurait fait peu d'impreſſion, peut-être, dans un pays où l'on ne perſécute perſonne pour ſa religion ; & Richard Steele dit expréſſement dans le Tatler, qu'on doit choiſir pour le ſujet des piéces de Théatre le vice le plus dominant chez la nation pour laquelle on travaille. Le ſuccès de Caton ayant enhardi Adiſſon il jetta enfin ſur le papier l'eſquiſſe de la mort de Socrate, en trois Actes. La place de Sécretaire d'Etat qu'il occupa quelque temps après, lui déroba le temps dont il

A 3 avait

avait besoin pour finir cet ouvrage. Il donna son manuscrit à Mr. Tompson son élève ; celui - ci n'osa pas d'abord traiter un sujet si grave & si dénué de tout ce qui est en possession de plaire au Théâtre.

Il commença par d'autres Tragédies; il donna Sophonisbe, Coriolan, Tancréde &c. et finit sa carrière par la mort de Socrate, qu'il écrivit en prose scène par scène, & qu'il confia à ses illustres amis Mr. Dodington, & Mr. Littleton, comptés parmi les plus beaux génies d'Angleterre ; ces deux hommes toujours consultés par lui, voulurent qu'il renouvellat la méthode de Shakespear, d'introduire des personnages du peuple
ple

ple dans la Tragédie, de pein-
dre Xantippe femme de Socrate
telle qu'elle était en effet, une
bourgeoise acâriatre, grondant son
mari , & l'aimant ; de mettre sur la scène tout l'Aréopage,
& de faire en un mot de cette piè-
ce, une de ces représentations naï-
ves de la vie humaine, un de ces ta-
bleaux où l'on peint toutes les condi-
tions.

Cette entreprise n'est pas sans dif-
ficulté, & quoique le sublime conti-
nu soit d'un genre infiniment supérieur, cependant ce mélange du pa-
tétique & du familier a son mérite.
On peut comparer ce genre à L'O-
dyssée, & l'autre à l'Iliade. Mr.
Littleton ne voulut pas qu'on jouât

 cette

cette piéce, parce que le caractère de Melitus resemblait trop à celui du sergent de loy Catbrée, dont il était allié.

Il me donna la Tragédie de Mr. Tompson à son dernier voyage en Hollande. Je la traduisis d'abord en Hollandais ma langue maternelle. Cependant je ne la fis point jouer sur le Théatre d'Amsterdam, quoique Dieu merci nous n'ayons parmi nos Magistrats aucun personnage aussi odieux, & aussi impertinent que Mr. Catbrée. Mais la multiplicité des Acteurs que ce Drame exige, m'empêcha de le faire exécuter ; je le traduisis ensuite en Français, & je veux bien laisser courir cette traduction, en attendant que je fasse

im-

imprimer l'Original.

A Amsterdam 1755.

*Depuis ce temps on a repréfen-
té la mort de Socrate a Londres,
mais ce n'eft pas le Drame de Mr.
Tompfon.*

A 5   PER-

PERSONNAGES.

SOCRATE.

ANITUS, Grand-Prêtre de Cérès.

MELITUS, un des Juges d'Athènes.

XANTIPPE, Femme de Socrate.

AGLAE', jeune Athénienne élevée par Socrate.

SOPHRONIME, jeune Athénien élevé par Socrate.

DRIXA, Marchande. } attachés à
TERPANDRE & ACROS, } Anitus.

Juges.

Difciples de Socrate.

SOCRATE,
TRAGÉDIE.

ACTE PREMIER.

SCENE I.

ANITUS, DRIXA, TER-PANDRE, ACROS.

ANITUS.

MA chère Confidente, & mes chers affidés, vous savez combien d'argent je vous ai fait

ga-

gagner aux derniéres fêtes de Cè-
rés. Je me marie, & j'espère que
vous ferez vôtre devoir dans cette
grande occasion.

D R I X A.

Oui sans doute, Monseigneur,
pourvû que vous nous en fassiez
gagner encor davantage.

A N I T U S.

Il me faudra, Madame **Drixa**,
deux beaux tapis de Perse: vous
Terpandre, je ne vous demande
que deux grands Candelabres d'argent, & à vous une demi - dou-
zaine de robes.

T E R P A N D R E.

Cela est un peu fort, mais Monseigneur, il n'y a rien qu'on ne

fasse

faſſe pour mériter vôtre ſainte protection.

A N I T U S.

Vous regagnerez tout cela au
centuple. C'eſt le meilleur moyen de
mériter les faveurs des Dieux. Donnez beaucoup, & vous recevrez
beaucoup : Et ſur - tout ne man-
quez jamais d'ameuter le peuple
contre tous les gens de qualité qui
ne font point aſſez de vœux , & qui
ne préſentent pas aſſez d'offrandes.

A C R O S.

C'eſt à quoi nous ne manquons
jamais ; c'eſt un devoir trop ſacré
pour n'y être pas fidèles.

A N I T U S.

Allez mes chers amis ; les Dieux
vous

vous maintiennent dans des fentimens fi pieux & fi juftes ; & comptez que vous profpérerez, vous, vos enfans, & les enfans de vos petits enfans.

TERPANDRE.

C'eft de quoi nous fommes fûrs, car vous l'avez dit.

SCENE II.

ANITUS, DRIXA.

ANITUS.

Eh bien, ma chère Madame Drixa, je crois que vous ne trouverez pas mauvais que j'époufe Aglaé ; mais je ne vous en aime pas moins, & nous vivrons enfemble comme à l'ordinaire.

DRI-

D R I X A.

Oh, Monſeigneur, je ne ſuis point jalouſe, & pourvû que le commerce aille bien, je ſuis fort contente. Quand j'ai eu l'honneur d'être une de vos maitreſſes, j'ai jouï d'une grande conſidération dans Athènes. Si vous aimez Aglaé, j'aime le jeune Sophronime; & Xantippe la femme de Socrate m'a promis qu'elle me le donnerait en mariage. Vous aurez toujours les mêmes droits ſur moi. Je ſuis ſeulement fachée que ce jeune homme ſoit élevé par ce vilain Socrate, & qu'Aglaé ſoit encor entre ſes mains. Il faut les en tirer au plus vite. Xantippe ſera charmée d'être débarraſſée d'eux.

Le

Le beau Sophronime & la belle Aglaé sont fort mal entre les mains de Socrate.

A N I T U S.

Je me flatte bien, ma chère Madame Drixa, que Mélitus & moi, nous perdrons cet homme dangereux, qui ne prêche que la vertu & la Divinité, & qui s'eſt oſé moquer de certaines avantures arrivées aux myſtères de Cérès. Mais il eſt le tuteur d'Aglaé. Agaton pére d'Aglaé a laiſſé, dit-on, de grands biens ; Aglaé eſt adorable ; j'idolâtre Aglaé ; il faut que j'épouſe Aglaé, & que je ménage Socrate.

D R I X A.

Ménagez Socrate, pourvû que
j'aïe

j'aïe mon jeune homme. Mais comment Agaton a-t-il pû laisser sa fille entre les mains de ce vieux nez épaté de Socrate, de cet insupportable raisonneur, qui corrompt les jeunes gens, & qui les empêche de fréquenter les courtisanes & les mystères ?

A N I T U S.

Agaton était entiché des mêmes principes. C'était un de ces sobres & sérieux extravagants, qui ont d'autres mœurs que les nôtres, qui sont d'un autre siécle & d'une autre patrie, un de nos ennemis jurés, qui pensent avoir rempli tous leurs devoirs quand ils ont adoré la Divinité, secouru l'humanité, cultivé l'amitié, &

étudié

étudié la Philofophie; de ces gens, en un mot, qui ne font bons qu'à étouffer. Je voudrais avoir déja étranglé Socrate. Cependant je vais lui parler fous ces portiques, & conclure avec lui l'affaire de mon mariage.

Drixa.

Le voici; vous lui faites trop d'honneur; je vous laiffe, & je vai parler de mon jeune homme à Xantippe.

Anitus.

Les Dieux vous conduifent, ma chère Drixa; fervez-les toujours, & n'oubliez pas mes deux beaux tapis de Perfe.

S C E-

SCENE III.

ANITUS, SOCRATE.

ANITUS.

Eh bon jour, mon cher Socrate, le favori des Dieux & le plus sage des mortels. Je me sens elévé au - dessus de moi-même toutes les fois que je vous vois ; & je respecte dans vous la nature humaine.

SOCRATE.

Je suis un homme simple, dépourvû de science & plein de faiblesses comme les autres. C'est beaucoup si vous me supportez.

ANI-

A N I T U S.

Vous supporter ! je vous admire : je voudrais vous ressembler, s'il était possible : Et c'est pour être plus souvent témoin de vos vertus, pour entendre plus souvent vos leçons , que je veux épouser vôtre belle pupille Aglaé , dont la destinée dépend de vous.

S O C R A T E.

Il est vrai que son pére Agaton qui était mon ami, c'est-à-dire, beaucoup plus qu'un parent, me confia par son testament cette aimable & vertueuse orpheline.

A N I T U S.

Avec des richesses considerables ?

car

car on dit que c'eſt le meilleur parti d'Athènes.

S O C R A T E.

C'eſt ſur quoi je ne peux vous donner aucun éclairciſſement ; ſon père, ce tendre ami dont les volontés me ſont ſacrées, m'a deffendu par ce même teſtament de divulguer l'état de la fortune de ſa fille.

A N I T U S.

Ce reſpect pour les dernières volontés d'un ami, & cette diſcrétion ſont dignes de vôtre belle ame. Mais on ſait aſſez qu'Agaton était un homme riche.

S O C R A T E.

Il méritait de l'être, ſi les riche
cheſſes

cheffes font une faveur de l'Etre Suprême.

A N I T U S.

On dit qu'un petit écervelé, nommé Sophronime, lui fait la cour à caufe de fa fortune. Mais je fuis perfuadé que vous éconduirez un pareil perfonnage, & qu'un homme comme moi n'aura point de rival.

S O C R A T E.

Je fcais ce que je dois penfer d'un homme comme vous. Mais ce n'eft pas à moi de gèner les fentiments d'Aglaé. Je lui fers de pére, je ne fuis point fon maître. Elle doit difpofer de fon cœur. Je regarde la contrainte comme un attentat. Parlez-lui ; fi elle écoute te vos propofitions, je foufcris à fes volontés.

A N I T U S.

J'ai déja le confentement de Xantippe vôtre femme ; fans doute elle eft inftruite des fentimens d'Aglaé ; ainfi je regarde la chofe comme faite.

S O C R A T E.

Je ne puis regarder les chofes comme faites que quand elles le font.

S C E N E   IV.

SOCRATE, ANITUS, AGLAE'.

S O C R A T E.

Venez belle Aglaé, venez dé-
cider

cider de vôtre fort. Voilà un homme des plus confidérables qui s'offre pour être vôtre époux. Je vous laiffe toute la liberté de vous expliquer avec lui. Cette liberté ferait gênée par ma préfence. Quelque choix que vous faffiez je l'approuve ; Xantippe préparera tout pour vos nôces.

(Il fort.)

A G L A E'.

Ah ! généreux Socrate, c'eft avec bien du regret que je vous vois partir.

A N I T U S.

Il parait , aimable Aglaé, que vous avez une grande confiance dans le bon Socrate.

A G L A E'.

AGLAE'.

Je le dois : il me fert de pére,
& il forme mon ame.

ANITUS.

Eh bien, s'il dirige vos fentimens, pourriez - vous me dire ce
que vous penfez de Cérès, de
Cibele, de Venus ?

AGLAE'.

Hélas ! j'en penferai tout ce que
vous voudrez.

ANITUS.

C'eft bien dit : vous ferez auf-
fi tout ce que je voudrai ?

AGLAE'.

Non, l'un eft fort différent de
l'autre.

B ANI-

Anitus.

Vous voyez que le sage Socrate consent à nôtre union ; Xantippe sa femme presse ce mariage. Vous savez quels sentimens vous m'avez inspirés. Vous connaissez mon rang & mon crédit ; vous voyez que mon bonheur, & peut-être le vôtre, ne dépendent que d'un mot de vôtre bouche.

Aglaé.

Je vai vous répondre avec la vérité que ce grand homme qui sort d'ici m'a instruite à ne dissimuler jamais, & avec la liberté qu'il me laisse. Je respecte vôtre dignité, je connais peu vôtre personne, & je ne peux me donner à vous.

A N I-

A N I T U S.

Vous ne pouvez ! vous qui êtes libre ! Ah cruelle Aglaé, vous ne le voulez donc pas ?

A G L A E′.

Il eſt vrai, je ne le veux pas.

A N I T U S.

Songez-vous bien à l'affront que vous me faites. Je vois trop que Socrate me trahit ; c'eſt lui qui dicte vôtre réponſe ; c'eſt lui qui donne la préférence à ce jeune Sophronime, à mon indigne rival, à cet impie....

A G L A E′.

Sophronime n'eſt point impie, il lui eſt attaché dès l'enfance ; Socrate lui ſert de père comme à moi. So-phronime eſt plein de graces & de

B 2   ver-

vertus. Je l'aime, j'en suis aimée; il ne tient qu'à moi d'être sa femme, mais je ne serai pas plus à lui qu'à vous.

A N I T U S.

Tout ce que vous me dites m'étonne. Quoi ! vous osez m'avouer que vous aimez Sophronime ?

A G L A E'.

Oui, j'ose vous l'avoüer, parce que rien n'est plus vrai.

A N I T U S.

Et quand il ne tient qu'à vous d'être heureuse avec lui, vous refusez sa main ?

A G L A E'.

Rien n'est plus vrai encore.

A N I·

A N I T U S.

C'eft fans doute la crainte de me déplaire qui fufpend vôtre engagement avec lui ?

A G L A E'.

Non affurément ; car n'ayant jamais cherché à vous plaire , je ne crains point de vous déplaire.

A N I T U S.

Vous craignez donc d'offenfer les Dieux en préferant un profâne comme Sophronime à un Miniftre des Autels ?

A G L A E'.

Point du tout ; je fuis perfuadée que l'Etre Suprême fe foucie fort peu que je vous époufe ou non.

A N I-

A N I T U S.

L'Etre Suprême ! ma chère fille, ce n'eft pas ainfi qu'il faut parler, vous devez dire les Dieux & les Déeffes : Prenez garde, j'entrevois en vous des fentimens dangereux, & je fçai trop qui vous les a infpirés. Sachez que Cérès, dont je fuis le grand Prêtre, peut vous punir d'avoir méprifé fon culte & fon Miniftre.

A G L A E'.

Je ne méprife ni l'un ni l'autre. On m'a dit que Cérès préfide aux bleds ; je le veux croire ; mais elle ne fe mêlera pas de mon mariage.

A N I-

ANITUS.

Elle se mêle de tout. Vous
en savez trop ; mais enfin, j'espère vous convertir. Etes - vous
bien résoluë à ne point épouser
Sophronime ?

AGLAE'.

Oui, j'y suis très résoluë ; &
j'en suis très fâchée.

ANITUS.

Je ne comprends rien à toutes
ces contradictions ; écoutez , je
vous aime, j'ai voulu faire vòtre
bonheur & vous donner un grand
rang. Croyez-moi, ne m'offensez
pas, ne rejettez point votre fortune ; songez qu'il faut sacrifier
tout à un établissement avanta-

geux; que la jeuneſſe paſſe & que la fortune reſte; que les richeſſes & les honneurs doivent être vôtre unique but; que ·je vous parle de la part des Dieux & des Déeſſes. Je vous conjure d'y faire réflexion. Adieu, ma chère fille; je vai prier Cérès qu'elle vous inſpire, & j'eſpère encor qu'elle touchera vôtre cœur. Adieu encore une fois, ſouvenez vous que vous m'avez promis de ne point épouſer Sophronime.

A G L A E'.

C'eſt à moi que je me le ſuis promis, non à vous. (*Anitus ſort.*)

(*Aglaé ſeule.*)

Que cet homme redouble mon cha-

chagrin. Je ne fçai pourquoi je ne vois jamais ce Prêtre fans frémir. Mais voici Sophronime; hélas! tandis que fon rival me remplit de terreur, celui - ci redouble mes regrets & mon attendriffement.

SCENE V.

AGLAE´, SOPHRONIME.

SOPHRONIME.

CHère Aglaé, je vois Anitus, ce Prêtre de Cérès, ce méchant homme, cet ennemi juré de Socrate, fortir d'auprès de vous, & vos yeux femblent mouillés de quelques larmes.

A G L A E´.

Lui ! il eſt l'ennemi de nôtre bienfaicteur Socrate ? Je ne m'étonne plus de l'averſion qu'il m'inſpirait avant même qu'il m'eût parlé.

S O P H R O N I M E.

Hélas ! ferait-ce à lui que je dois imputer les pleurs qui obſcurciſſent vos yeux ?

A G L A E´.

Il ne peut m'inſpirer que des dégouts. Non, Sophronime, il n'y a que vous qui puiſſiez faire couler mes larmes.

S O P H R O N I M E.

Moi, grands Dieux ! moi qui
vou-

voudrais les payer de mon sang,
moi qui vous adore, qui me
flatte d'être aimé de vous, qui
ne vis que pour vous, qui voudrais mourir pour vous! moi j'aurais à me reprocher d'avoir jetté un
moment d'amertume sur vôtre vie!
Vous pleurez, & j'en suis la cause!
qu'ai-je donc fait? quel crime ai-
je commis?

A G L A E'.

Vous n'en pouvez point com-
mettre. Je pleure parce que vous
méritez toute ma tendresse, parce que vous l'avez, & qu'il me
faut renoncer à vous.

S O P H R O N I M E.

Quels mots funestes avez-vous
 pro-

prononcés ? Non, je ne le puis croire, vous m'aimez, vous ne pouvez changer. Vous m'avez promis d'être à moi, vous ne voulez point ma mort.

A G L A E'.

Je veux que vous viviez heureux, Sophronime, & je ne puis vous rendre heureux. J'espérais; mais ma fortune m'a trompée ; je jure que ne pouvant être à vous je ne ferai à personne. Je l'ai déclaré à cet Anitus qui me recherche & que je méprise ; je vous le déclare le cœur pénétré de la plus vive douleur, & de l'amour le plus tendre.

S O P H R O N I M E.

Puisque vous m'aimez, je dois
vivre;

vivre; mais si vous me refusez vôtre main, je dois mourir; chère Aglaé, au nom de tant d'amour, au nom de vos charmes & de vos vertus, expliquez moi ce myftère funefte.

SCENE VI.

SOCRATE, SOPHRO-NIME, AGLAE'.

SOPHRONIME.

OH Socrate mon Maître, mon Père! je me vois ici le plus infortuné des hommes entre les deux êtres par qui je refpire; c'eft vous qui m'avez apris la fageffe; c'eft Aglaé qui m'a apris à fentir l'amour. Vous avez donné vôtre

con-

confentement à nôtre hymen : la belle Aglaé qui femblait le défirer, me refufe ; & en me difant qu'elle m'aime elle me plonge le poignard dans le cœur. Elle rompt nôtre hymen fans m'apprendre la caufe d'un fi cruel caprice ; ou empêchez mon malheur, ou aprenez-moi, s'il eft poffible, à le foutenir.

S O C R A T E.

Aglaé eft maitreffe de fes volontés ; fon pére m'a fait fon tuteur, & non pas fon Tyran ; je faifais mon bonheur de vous unir enfemble. Si elle a changé d'avis, j'en fuis furpris, j'en fuis affligé. Mais il faut écouter fes raifons : fi elles font juftes, il faut s'y conformer.

S O P H R O-

S O P H R O N I M E.

Elles ne peuvent être juftes.

A G L A É.

Elles le font du moins à mes yeux : daignez m'écouter l'un & l'autre. Quand vous eutes accepté le Teftament fecret de mon pére, fage & genereux Socrate, vous me dites qu'il me laiffait un bien honnête avec lequel je pourrais m'établir. Je formai dès lors le deffein de donner cette fortune à vôtre cher difciple Sophronime, qui n'a que vous d'apui, & qui ne poffède pour toute richeffe que fa vertu : vous avez aprouvé ma réfolution. Vous concevez quel était mon bonheur de faire celui d'un Athénien, que je regarde comme

vôtre

vôtre fils. Pleine de ma félicité, tranfportée d'une douce joie que mon cœur ne pouvait contenir , j'ai confié cet état délicieux de mon ame à Xantippe vôtre femme , & auffi-tôt cet état a difparu. Elle m'a traitée de vifionnaire. Elle m'a montré le Teftament de mon pére qui eft mort dans la pauvreté , qui ne me laiffe rien , & qui me recommande à l'amitié dont vous fûtes unis.

En ce moment, éveillée après mon fonge , je n'ai fenti que la douleur de ne pouvoir faire la fortune de Sophronime : je ne veux point l'accabler du poids de ma misère.

S O P H R O N I M E.

Je vous l'avais bien dit, Socrate, que ſes raiſons ne vaudraient rien ; ſi elle m'aime, ne ſuis - je pas aſſez riche ? Je n'ai ſubſiſté, il eſt vrai, que par vos bienfaits ; mais il n'eſt point d'emploi pénible que je n'embraſſe pour faire ſubſiſter ma chère Aglaé. Je devrais, il eſt vrai, lui faire le ſacrifice de mon amour, lui chercher moi-même un parti avantageux ; mais j'avoüe que je n'en ai pas la force ; & par là je ſuis indigne d'elle. Mais ſi elle pouvait ſe contenter de mon état, ſi elle pouvait s'abaiſſer juſqu'à moi ! non, je n'oſe le demander, je n'oſe le ſouhaiter ; & je ſuccombe à un malheur

heur qu'elle supporte.

SOCRATE.

Mes enfans, Xantippe est bien indiscrette de vous avoir montré ce Testament. Mais croyez, belle A-glaé, qu'elle vous a trompée.

AGLAE'.

Elle ne m'a point trompée. J'ai vû de mes yeux ma misère. L'écriture de mon pére m'est assez connüe. Soyez sûr, Socrate, que je saurai soutenir la pauvreté. Je sçai travailler de mes mains ; c'est assez pour vivre, c'est tout ce qu'il me faut ; mais ce n'est pas assez pour Sophronime.

SOPHRONIME.

C'en est trop mille fois pour moi,

moi, ame tendre, ame fublime, digne d'avoir été élevée par Socrate ; une pauvreté noble & laborieufe eft l'état naturel de l'homme. J'aurais voulu vous offrir un Trône : mais fi vous daignez vivre avec moi, nôtre pauvreté refpectable eft au - deffus du Trône de Créfus.

SOCRATE.

Vos fentimens me plaifent autant qu'ils m'attendriffent ; je vois avec tranfport germer dans vos cœurs cette vertu que j'y ai femée. Jamais mes foins n'ont été mieux récompenfés ; jamais mon efpérance n'a été plus remplie. Mais encor une fois, Aglaé, croyez-moi, ma femme vous a mal inftruite.

ftruite. Vous êtes plus riche que vous ne penfez. Ce n'eft pas à elle, c'eft à moi que vôtre pére vous a confiée. Ne peut-il pas avoir laiffé un bien que Xantippe ignore?

A G L A E'.

Non, Socrate, il dit expreffément dans fon Teftament qu'il me laiffe pauvre.

S O C R A T E.

Et moi je vous dis que vous vous trompez, qu'il vous a laiffé de quoi vivre heureufe avec le vertueux Sophronime, & qu'il faut que vous veniez tous deux figner le contract tout à l'heure.

S C E-

SCENE VII.

SOCRATE, XANTIPPE, AGLAE´, SOPHRONIME.

XANTIPPE.

ALlons, allons, ma fille, ne vous amufez point aux vifions de mon mari; la Philofophie eft fort bonne quand on eft à fon aife ; mais vous n'avez rien ; il faut vivre, vous philofopherez après. J'ai conclu vôtre mariage avec Anitus, digne Prêtre, homme puiffant, homme de crédit ; venez, fuivez moi ; il ne faut ni lenteur ni contradiction ; j'aime qu'on m'obéïffe, & vite, c'eft pour vôtre bien, ne raifonnez pas, & fuivez - moi.

SOPHRO-

SOPHRONIME.

Ah Ciel! Ah chère Aglaé!

SOCRATE.

Laiſſez la dire, & fiez vous à moi de vôtre bonheur.

XANTIPPE.

Comment! qu'on me laiſſe dire? vraiment, je le prétends bien, & ſurtout, qu'on me laiſſe faire. C'eſt bien à vous avec vôtre ſageſſe & vôtre Démon familier, & vôtre ironie, & toutes vos fadaiſes qui ne ſont bonnes à rien, à vous mêler de marier des filles! vous êtes un bon homme, mais vous n'entendez rien aux affaires de ce monde; & vous êtes trop heureux que je vous gou-verne. Allons, Aglaé, venez que je

vous

vous établisse. Et vous qui restez là
tout étonné, j'ai aussi vôtre affaire;
Drixa, qui est tout vôtre fait; vous
me remercierez tous deux; tout se-
ra conclu dans la minute; je suis
expéditive, ne perdons point de
temps. Tout cela devrait déja être
terminé.

SOCRATE.

Ne la cabrez pas, mes enfans;
marquez lui toute sorte de déféren-
ce; il faut lui complaire, puisqu'on
ne peut la corriger. C'est le triom-
phe de la raison de bien vivre avec
les gens qui n'en ont pas.

ACTE

ACTE II.

SCENE PREMIERE.

SOCRATE SOPHRONIME.

SOPHRONIME.

DIvin Socrate, je ne peux croire mon bonheur; comment se peut-il qu'Aglaé, dont le pére est mort dans une pauvreté extrême, ait cependant une dot si considérable?

SOCRATE.

Je vous l'ai déja dit, elle avait plus de bien qu'elle ne croyait. Je connaissais mieux qu'elle les ressources de son pére. Qu'il vous suffise de jouïr tous deux d'une fortune

que

que vous méritez. Pour moi je dois le secret aux morts comme aux vivans.

SOPHRONIME.

Je n'ai plus qu'une crainte, c'est que ce Prêtre de Cérès à qui vous m'avez préferé, ne venge sur vous les refus d'Aglaé. C'est un homme bien à craindre.

SOCRATE.

Eh que peut craindre celui qui fait son devoir ? je connais la rage de mes ennemis. Je sçai toutes leurs calomnies ; mais quand on ne cherche qu'à faire du bien aux hommes, & qu'on n'offense point le Ciel, on ne redoute rien ni pendant la vie, ni à la mort.

SOPHRONIME.

Rien n'eſt plus vrai; mais je mourrais de douleur, ſi la félicité que je vous dois portait vos ennemis à vous forcer de mettre en uſage vôtre héroïque conſtance.

SCENE II.

SOCRATE , SOPHRONIME , AGLAE.

AGLAE.

MOn bienfaicteur , mon père, homme au deſſus des hommes , j'embraſſe vos genoux. Secondez-moi, Sophronime, c'eſt lui, c'eſt Socrate qui nous marie aux dépends

pends de fa fortune, qui paye ma dot, qui fe prive pour nous de la plus grande partie de fon bien. Non, nous ne le fouffrirons pas ; nous ne ferons pas riches à ce prix. Plus nôtre cœur eft reconnaiffant, plus nous devons imiter la nobleffe du fien.

SOPHRONIME.

Je me jette à vos pieds comme elle, je fuis faifi comme elle, nous fentons également vos bienfaits. Nous vous aimons trop, Socrate, pour en abufer. Regardez nous comme vos enfans, mais que vos enfans ne vous foient point à charge. Vôtre amitié eft le plus grand des biens, c'eft le feul que nous voulons. Quoi ! vous n'êtes pas riche, & vous faites ce que les puif-

C 2

fans

ſans de la Terre ne feraient pas! ſi nous acceptions vos bienfaits, nous en ſerions indignes.

SOCRATE.

Levez vous, mes enfans, vous m'attendriſſez trop. Ecoutez-moi; ne faut-il pas reſpecter les voïontés des morts ? vôtre pére, Aglaé, que je regardais comme la moitié de moi - méme, ne m'a - t - il pas or-donné de vous traiter comme ma fille ? je lui obéïs; je trahirais l'ami-tié & la confiance ſi je faiſais moins. J'ai accepté ſon Teſtament, je l'é-xécute; le peu que je vous donne eſt inutile à ma vieilleſſe qui eſt ſans beſoins. Enfin, ſi j'ai dû obéïr à mon ami, vous devez obéïr à vô-tre pére. C'eſt moi qui le ſuis au-jour-

jourd'hui ; c'eft moi qui par ce nom facré vous ordonne de ne me pas accabler de douleur en me refufant. Mais retirez vous, j'aperçois Xantippe. J'ai mes raifons pour vous conjurer de l'éviter dans ces momens.

A G L A E'.

Ah que vous nous ordonnez des chofes cruelles !

S C E N E   I I I.

SOCRATE , XANTIPPE.

X A N T I P P E.

Vraiment vous venez de faire là un beau chef-d'œuvre ; par ma foi, mon cher mari , il faudrait vous

C 3   inter-

interdire. Voyez , s'il vous plait, que de sottises ! Je promets Aglaé au Prêtre Anitus qui a du crédit parmi les Grands ; je promets Sophronime à cette grosse Marchande Drixa qui a du crédit chez le peuple , & vous mariez ces deux étourdis ensemble pour me faire manquer à ma parole ; ce n'est pas assez, vous les dotez de la plus grande partie de vôtre bien. Vingt mille dragmes ! justes Dieux ! vingt mille dragmes ! n'êtes-vous pas honteux ? Dequoi vivrez-vous à l'âge de soixante & dix ans ? qui payera vos Médecins quand vous ferez malade? vos Avocats quand vous aurés des procez ? Enfin , que ferai-je quand ce fripon, ce col tors d'Anitus & son parti, que vous auriez eu pour vous,

s'attas'attacheront à vous perfécuter comme ils ont fait tant de fois ? Le Ciel confonde les Philofophes & la Philofophie, & ma fotte amitié pour vous ! Vous vous mêlez de conduire les autres, & il vous faudrait des lifières; vous raifonnez fans ceffe, & vous n'avez pas le fens commun. Si vous n'étiez pas le meilleur homme du monde, vous feriez le plus ridicule & le plus infuportable. Ecoutez, il n'y a qu'un mot qui ferve ; rompez dans l'inftant cet impertinent marché, & faites tout ce que veut vôtre femme.

S O C R A T E.

C'eft très bien parler, ma chère Xantippe, & avec modération ; mais écoutez moi à vôtre tour. Je

C 4

n'ai

n'ai point propofé ce mariage. Sophronime & Aglaé s'aiment & font
dignes l'un de l'autre. Je vous ai
déja donné tout le bien que je pou-
vais vous céder par les Loix ; je
donne prefque tout ce qui me refte
à la fille de mon ami ; le peu que je
garde me fuffit. Je n'ai ni Médecin
à payer, parce que je fuis fobre, ni
Avocats, parce que je n'ai ni pré-
tentions ni dettes. A l'égard de la
Philofophie que vous me repro-
chez, elle m'enfeigne à fouffrir l'indignation d'Anitus, & vos injures,
à vous aimer malgré votre humeur.

(Il fort.)

S C E-

S C E N E   I V.

X A N T I P P E *seule.*

LE vieux fou ! il faut que je l'estime malgré moi ; car, après tout, il y a je ne sçai quoi de grand dans sa folie. Le sang froid de ses extravagances me fait enrager. J'ai beau le gronder, je perds mes peines. Il y a trente ans que je crie après lui, & quand j'ai bien crié, il m'en impose, & je suis toute confondüe ; est-ce qu'il y aurait dans cette ame - là quelque chose de supérieur à la mienne ?

C 5

SCE-

SCENE V.

XANTIPPE, DRIXA.

DRIXA.

EH bien, Madame Xantippe, voilà comme vous êtes maîtresse chez vous ! Fi ! que cela est lâche de se laisser gouverner par son mari ! Ce maudit Socrate m'enlève donc ce beau garçon dont je voulais faire la fortune ? il me le payera, le traitre.

XANTIPPE.

Ma pauvre Madame Drixa, ne vous fâchez pas contre mon mari ; je me suis assez fâchée contre lui ; c'est un imbécille, je le sçai bien ;

mais

mais dans le fonds c'eſt bien le meilleur cœur du monde. Cela n'a point de malice; il fait toutes les ſottiſes poſſibles ſans y entendre fineſſe, & avec tant de probité que cela déſarme. D'ailleurs, il eſt têtu comme une mule; j'ai paſſé ma vie à le tourmenter, je l'ai même battu quelquefois; non-ſeulement je n'ai pû le corriger, je n'ai même jamais pû le mettre en colère. Que voulez-vous que j'y faſſe?

D R I X A.

Je me vengerai, vous dis-je: j'aperçois ſous ces portiques ſon bon ami Anitus & quelques-uns des nôtres, laiſſez moi faire.

C 6   XAN-

XANTIPPE.

Mon Dieu, je crains que toutes ces gens - là ne joüent quelque tour à mon mari. Allons vîte l'avertir ; car, après tout, on ne peut s'empêcher de l'aimer.

SCENE VI.

ANITUS, DRIXA, TERPANDRE, ACROS.

DRIXA.

NOs injures font communes, refpectable Anitus ; vous êtes trahi comme moi. Ce malhonnête homme de Socrate donne prefque tout fon bien à Aglaé, uniquement pour vous defefpérer. Il faut que

vous

vous en tiriez une vengeance écla-
tante.

A N I T U S.

C'eſt bien mon intention, le Ciel
y eſt intéreſſé; cet homme mépriſe
ſans doute les Dieux, puiſqu'il me
dédaigne. On a déja intenté contre
lui quelques accuſations; il faut que
vous m'aidiez tous à les renouvel-
ler; nous le mettrons en danger
de ſa vie, alors je lui offrirai ma
protection, à condition qu'il me cé-
de Aglaé, & qu'il vous rende vôtre beau Sophronime; par-là nous
remplirons tous nos devoirs, il ſera
puni par la crainte que nous lui au-
rons donnée : j'obtiendrai ma mai-
treſſe, & vous aurez vôtre amant.

D R I-

DRIXA.

Vous parlez comme la Sageſſe elle-même. Il faut que quelque Divinité vous inſpire. Inſtruiſez nous, que faut - il faire ?

ANITUS.

Voici heureuſement l'heure où les Juges vont paſſer pour aller au Tribunal : Mélitus eſt à leur tête. Il eſt vrai qu'il eſt mon ennemi, mais il eſt encor plus l'ennemi de Socrate il faut crier au ſcandale, demander juſtice tous trois enſemble au nom du Peuple, accuſer Socrate d'impieté.

TERPANDRE.

C'eſt bien dit, nous ſommes prêts.

ACROS.

A C R O S.

Oui, mais de quelle efpéce d'impieté?

A N I T U S.

De toutes les efpéces. Vous n'avez qu'à l'accufer hardiment de ne ne point croire aux Dieux, c'eft le plus court.

D R I X A.

Oh laiffez moi faire!

A N I T U S.

Vous ferez parfaitement fecondés. Allez fous ces portiques ameuter vos amis : voici déja le Chef des Onze, Mélitus qui parait, je vai le préparer; montrez vous quand les autres Juges viendront. Je vous appuierai de tout mon crédit.

SCE-

SCENE VII.

ANITUS, MELITUS.

ANITUS.

MOnsieur le Juge, un mot. Il faut perdre Socrate.

MELITUS.

Monsieur le Prêtre, il y a long-temps que j'y pense ; unissons nous sur ce point, nous n'en ferons pas moins brouillés sur le reste.

ANITUS.

Je sçai bien que nous nous haïssons tous deux, mais en se détestant il faut se réunir pour gouverner la République.

ME-

MELITUS.

D'accord. Personne ne nous entend ici ; je fçai que vous êtes un fripon, vous ne me regardez pas comme un honnête homme, je ne peux vous nuire parce que vous êtes grand Prêtre. Vous ne pouvez me perdre parce que je suis grand Juge ; mais Socrate peut nous faire tort à l'un & à l'autre en nous démafquant ; nous devons donc commencer vous & moi par le faire mourir, & puis nous verrons comment nous pourrons nous exterminer l'un l'autre à la première occafion.

ANITUS, *à part.*

On ne peut mieux parler. Hom ! que je voudrais tenir ce coquin d'Aréopagite fur un Autel, les bras pen-

pendants d'un côté & les jambes de l'autre, lui ouvrir le ventre avec mon couteau d'or, & confulter fon foye tout à mon aife.

M E L I T U S *à part.*

Ne pourrai-je jamais tenir ce pendart de Sacrificateur dans la geole, & lui faire avaler une pinte de ciguë à mon plaifir ?

A N I T U S.

Oh ça, mon cher ami, voilà vos camarades qui avancent; j'ai préparé les efprits du Peuple.

M E L I T U S.

Fort bien, mon cher ami, comptez fur moi comme fur vous-même dans ce moment; mais rancune tenant toujours.

S C E-

SCENE VIII.

ANITUS, MELITUS, quelques Juges d'Athênes qui paſſent ſous les portiques.
Anitus parle à l'oreille de Mélitus.

Drixa, Terpandre & Acros *enſemble.*

JUſtice, juſtice, ſcandale, impie-té, juſtice, juſtice, irréligion, impieté, juſtice.

A n i t u s.

Qu'eſt-ce donc, mes amis ? de quoi vous plaignez-vous ?

Drixa, Terpandre & Acros.

Juſtice au nom du Peuple.

Meli-

MELITUS.

Contre qui ?

DRIXA, TERPANDRE & ACROS.

Contre Socrate.

MELITUS.

Ah ah ! contre Socrate ? ce n'eſt pas d'aujourd'hui qu'on ſe plaint de lui. Qu'a-t-il fait ?

ACROS.

Je n'en ſçai rien.

TERPANDRE.

On dit qu'il donne de l'argent aux filles pour ſe marier.

ACROS.

Oui, il corrompt la jeuneſſe.

DRI-

D R I X A.

C'eſt un impie, il n'a point of-
fert de gâteaux à Cérès. Il dit qu'il
y a trop d'or & trop d'argent inu-
tiles dans le Temple.

A C R O S.

Oui, il dit que les Prêtres de Cérès s'enyvrent quelquefois, cela eſt
vrai, c'eſt un impie.

D R I X A.

C'eſt un hérétique, il nie la pluralité des Dieux ; il eſt Déiſte ; il
il ne croit qu'un ſeul Dieu ; c'eſt un
Athée.

Tous trois enſemble.

Oui, il eſt Hérétique, Déiſte,
Athée.

M E L I-

MELITUS.

Voilà des accusations très graves, & très vraisemblables ; on m'avait déja averti de tout ce que vous nous dites.

ANITUS.

L'Etat est en danger, si on laisse de telles horreurs impunies. Minerve nous ôtera son secours.

DRIXA.

Oui, Minerve, sans doute ; je l'ai entendu faire des plaisanteries sur le hibou de Minerve.

MELITUS.

Sur le hibou de Minerve ! ô Ciel ! n'êtes - vous pas d'avis, Messieurs, qu'on le mette en prison tout - à - l'heure ?

LES

LES JUGES *ensemble.*

Oui, en prison, vite en prison.

MELITUS.

Huissiers, amenez à l'instant Socrate en prison.

ANITUS.

Et qu'ensuite il soit brulé sans
avoir été entendu.

UN DES JUGES.

Ah! il faut du moins l'entendre,
nous ne pouvons enfreindre la Loi.

ANITUS.

C'est ce que je voulais dire : il
faut l'entendre, mais ne se pas laif-
fer surprendre à ce qu'il dira ; car
vous savez que ces Philosophes sont
d'une subtilité diabolique ; ce sont

eux

eux qui ont troublé tous les Etats
où nous aportions la concorde.

MELITUS.

En prison, en prison.

SCENE IX.

Tous les Acteurs précédents.
XANTIPPE , SOPHRONIME ,
AGLAE″ , SOCRATE *enchainé* , Valets de Ville.

XANTIPPE.

EH misericorde ! on traine mon
mari en prison ; n'avez - vous
pas honte, Messieurs les Juges, de
traiter ainsi un homme de son
âge ? quel mal a-t-il pû faire ? il en
est incapable ; hélas, il est plus bête

que

que méchant. Messieurs, ayez pitié
de lui. Je vous l'avais bien dit,
mon mari , que vous vous atti-
reriez quelque méchante affaire.
Voilà ce que c'eſt que de dotter des
filles. Que je ſuis malheureuſe !

SOPHRONIME.

Ah ! Messieurs, reſpectez ſa vieilleſſe & ſa vertu , chargez moi de
ſes fers. Je ſuis prêt à donner ma
liberté , ma vie pour la ſienne.

AGLAE'.

Oui , nous irons en priſon au lieu
de lui , nous mourrons pour lui s'il
le faut. N'attentez rien ſur le plus
juſte & le plus grand des hommes. Prenez nous pour vos victimes.

D   MELI-

MELITUS.

Vous voyez comme il corrompt la jeuneſſe.

SOCRATE.

Ceſſez, ma femme, ceſſez, mes enfans, de vous oppoſer à la volonté du Ciel : elle ſe manifeſte par l'organe des Loix. Quiconque réſiſte à la Loi, eſt indigne d'être citoyen. Dieu veut que je ſois chargé de fers, je me ſoumets à ſes decrets ſans murmure. Dans ma maiſon, dans Athênes, dans les cachots, je ſuis également libre : & puiſque je vois en vous tant de reconnaiſſance, & tant d'amitié, je ſuis toujours heureux. Qu'importe que Socrate dorme dans ſa chambre ou dans la priſon d'Athênes ? Tout eſt

dans

dans l'ordre éternel, & ma volonté doit y être.

MELITUS.

Qu'on entraine ce raisonneur.

ANITUS.

Messieurs, ce qu'il vient de dire m'a touché. Cet homme montre de bonnes dispositions. Je pourrais me flatter de le convertir. Laissez moi lui parler un moment en particulier, & ordonnez que sa Femme & ces jeunes gens se retirent.

UN JUGE.

Nous le voulons bien, vénérable Anitus ; vous pouvez lui parler avant qu'il comparaisse devant nôtre Tribunal.

D 2   SCE-

SCENE X.

ANITUS, SOCRATE.

ANITUS.

VErtueux Socrate, le cœur me faigne de vous voir en cet état.

SOCRATE.

Vous avez donc un cœur?

ANITUS.

Oui, & je fuis prêt à tout faire pour vous.

SOCRATE.

Vraiment je fuis perfuadé que vous avez déja beaucoup fait.

ANI.

A N I T U S.

Ecoutez, vôtre fituation eft plus dangereufe que vous ne penfez : il y va de vôtre vie.

S O C R A T E.

Il s'agit donc de peu de chofe.

A N I T U S.

C'eft peu pour vôtre ame intré-pide & fublime, c'eft tout aux yeux de ceux qui chériffent comme moi vôtre vertu. Croyez-moi, de quel-que Philofophie que vôtre ame foit armée, il eft dur de périr par le der-nier fuplice. Ce n'eft pas tout, vô-tre réputation qui doit vous être chére, fera flétrie dans tous les fié-cles. Non feulement tous les dévots & toutes les dévotes riront de vôtre

 mort,

mort, vous insulteront, allumeront le bucher si on vous brûle, serreront la corde si on vous étrangle, broyeront la cigüe si on vous empoisonne ; mais ils rendront vôtre mémoire exécrable à tout l'avenir. Vous pouvez aisément détourner de vous une fin si funeste ; je vous réponds de vous sauver la vie, & même de vous faire déclarer par les Juges le plus sage des hommes, ainsi que vous l'avez été par l'Oracle d'Apollon ; il ne s'agit que de me céder vôtre jeune pupille Aglaé, avec la dot que vous lui donnez, s'entend ; nous ferons aisément casser son mariage avec Sophronime. Vous joüirez d'une vieillesse paisible & honorée ; & les Dieux & les Déesses vous béniront.

S O C R A-

SOCRATE.

Huissiers, conduisez moi en prison sans tarder davantage.

(*On l'emmene.*)

ANITUS.

Cet homme est incorrigible, ce
n'est pas ma faute; j'ai fait mon
devoir, je n'ai rien à me reprocher,
il faut l'abandonner à son sens re-
prouvé, & le laisser mourir impé-
nitent.

ACTE III.

SCENE PREMIERE.

Les Juges assis sur leur Tribunal.
SOCRATE *debout.*

MELITUS.

Silence; Ecoutez, Socrate, vous êtes accusé d'être mauvais citoyen, de corrompre la Jeunesse, de nier la pluralité des Dieux, d'être hérétique, Déiste & Athée, répondez.

SOCRATE.

Juges Athéniens, je vous exhorte à être toujours bons citoyens com-

comme j'ai toujours tâché de l'être, à répandre vôtre fang pour la patrie comme j'ai fait dans plus d'une bataille. A l'égard de la jeuneffe dont vous parlez, ne ceffez de la guider par vos confeils, & furtout par vos exemples; aprenez lui à aimer la véritable vertu, & à fuir la miférable Philofophie de l'Ecole. L'article de la pluralité des Dieux eft d'une difcuffion un peu plus difficile. Mais vous m'entendrez aifément.

Juges Athéniens, il n'y a qu'un Dieu.

MELITUS *& un autre Juge.*

Ah le fcélerat !

 SOCRA-

SOCRATE.

Il n'y a qu'un Dieu, vous dis-je. Sa nature est d'être infini; nul Etre ne peut partager l'infini avec lui. Levez vos yeux vers les Globes Célestes, tournez-les vers la Terre & les Mers, tout se correspond, tout est fait l'un pour l'autre, chaque Etre est intimément lié avec les autres êtres; tout est d'un même dessein; il n'y a donc qu'un seul Architecte, un seul Maitre, un seul Conservateur. Peut-être a-t-il daigné former des Génies, des Démons, plus puissans & plus éclairés que les hommes, & s'ils existent, ce sont les créatures comme vous; ce sont ses premiers Sujets & non pas des Dieux; mais rien dans la nature ne

nous

nous avertit qu'ils exiſtent, tandis que la nature entiére nous annonce un Dieu & un Pére. Ce Dieu n'a pas beſoin de Mercure & d'Iris pour nous ſignifier ſes ordres. Il n'a qu'à vouloir, & c'eſt aſſez. Si par Minerve vous n'entendiez que la ſageſſe de Dieu, ſi par Neptune vous n'entendiez que ſes Loix immuables qui élèvent & qui abaiſ-ſent les Mers, je vous dirais, il vous eſt permis de reverer Neptune & Minerve, pourvû que dans ces emblèmes vous n'adoriez jamais que l'Etre Eternel, & que vous ne donniez pas occaſion aux Peuples de s'y méprendre.

Gardez vous d'imputer à vos Dieux & à vos Déeſſes ce que vous puniriez dans vos épouſes, dans vos

fils,

fils, dans vos filles. Si nos ancêtres ont dit que le Dieu Suprême
defcendit dans les bras d'Alcmène,
de Danaé, de Semelé, & qu'il en
eût des enfans, nos ancêtres ont
imaginé des fables dangereufes.
C'eft infulter la Divinité de préten-
dre qu'elle ait commis avec une
femme, de quelque manière que
ce puiffe être, ce que nous appel-
lons chez les hommes un adultère.
C'eft décourager le refte des hommes d'ofer dire que pour être un
grand homme, il faut être né de
l'accouplement miftérieux de Jupi-
ter & d'une de vos femmes. Mil-
tiades, Cimon, Thémiftocle, Arif-
tide, que vous avez perfécutés,
valaient bien, peut-être, Perfée,
Hercule & Bacchus; il n'y a d'autre

tre manière d'être les enfans de Dieu, que de chercher à lui plaire, & d'être juste. Méritez ce tître en ne rendant jamais de jugemens iniques.

MELITUS.

Que de blafphêmes & d'infolences!

UN AUTRE JUGE.

Que d'abfurdités! on ne fçait ce qu'il veut dire.

MELITUS.

Socrate, vous vous mêlez toujours de faire des raifonnemens; ce n'eft pas là ce qu'il nous faut, répondez net & avec précifion. Vous êtes-vous moqué du Hibou de Minerve?

SOCRA-

SOCRATE.

Juges Athéniens, prenez garde à vos Hibous. Quand vous propofez des chofes ridicules à croire, trop de gens alors fe déterminent à ne rien croire du tout. Ils ont affez d'efprit pour voir que vôtre doctrine eft impertinente ; mais ils n'en ont pas affez pour s'élever jufqu'à la Loi véritable ; ils favent rire de vos petits Dieux, & ils ne favent pas adorer le Dieu de tous les Etres, unique, incompréhenfible, éternel & tout jufte, comme tout puiffant.

MELITUS.

Ah le blafphémateur ! ah le monftre ! il n'en a dit que trop. Je conclus à la mort.

PLU-

PLUSIEURS JUGES.

Et nous auſſi.

UN JUGE.

Nous ſommes pluſieurs qui ne ſommes pas de cet avis; nous trouvons que Socrate a très bien parlé. Nous croyons que les hommes feraient plus juſtes & plus ſages, s'ils penſaient comme lui ; & pour moi, loin de le condamner, je ſuis d'avis qu'on le récompenſe.

PLUSIEURS JUGES.

Nous penſons de même.

MELITUS.

Les opinions ſemblent ſe partager. Eh bien, Meſſieurs, ſachez que ſi vous ne le condamnez pas à la mort,

mort, vous encourez l'indignation d'Anitus le grand Prêtre de Cérès, & de tous les grands Prêtres ; fachez qu'ils ont plus de crédit que vous dans Athênes, & que vous vous expofez, vous, vos femmes, & vos enfans à des défaftres épouvantables.

Un Juge.

Je ne veux point me brouiller avec Anitus, c'eft un homme trop à craindre.

Un Juge *à celui qui vient de parler.*

Je rifquerais de perdre un emploi de cinq cent drachmes. Entre nous cet emploi vaut mieux que la vie d'un Philofophe, furtout quand il eft laid & vieux.

U N

UN AUTRE JUGE.

S'il y a de l'injuſtice à condamner Socrate, c'eſt l'affaire d'Anitus,
ce n'eſt pas la mienne ; je mets tout
ſur ſa conſcience : d'ailleurs, il eſt
tard, il faut aller diner. A la mort,
à la mort, & qu'on n'en parle plus.

UN AUTRE.

J'opine du bonnet, à la mort.

MELITUS.

Les Dieux ſoient bénis, la pluralité eſt pour la mort. Socrate, les
Dieux vous condamnent par nôtre
bouche à boire de la cigüe, tant
que mort s'enſuive.

SOCRATE.

Nous ſommes tous mortels ; la
nature vous condamne à mourir
tous

tous dans peu de temps, & probablement vous aurez tous une fin plus triſte que la mienne. Les maladies qui amènent le trépas ſont plus douloureuſes qu'un gobelet de cigüe. Au reſte, je dois des éloges aux Juges qui ont opiné en faveur de l'innocence ; je ne dois aux autres que ma pitié.

Un Juge *ſortant.*

Certainement cet homme là méritait une penſion de l'Etat au lieu d'un gobelet de cigüe.

Un autre Juge.

Cela eſt vrai ; mais auſſi de quoi s'aviſait - il de ſe brouiller avec un Prêtre de Cérès ?

U N

UN AUTRE JUGE.

Je suis bien aise après tout de faire mourir un Philosophe, ces gens-là ont une certaine fierté dans l'esprit, qu'il est bon de matter un peu.

UN JUGE.

Messieurs, un petit mot : ne ferions-nous pas bien, tandis que nous avons la main à la pâte, de faire mourir tous les Géomètres, qui prétendent que les trois Angles d'un triangle font égaux à deux droits ; ils scandalisent étrangement la populace occupée à lire leurs livres ?

UN AUTRE JUGE.

Oui, oui, nous les pendrons à la première Session de Old - Baili. Allons diner.

SCE-

SCENE II.

SOCRATE *seul.*

DEpuis longtemps j'étais préparé à la mort. Tout ce que je crains à présent, c'est que ma femme Xantippe ne vienne troubler mes derniers momens, & interrompre la douceur du recueillement de mon ame; je ne dois m'occuper que de l'Etre Suprême, devant qui je dois bientôt paraître. Mais la voilà, il faut se résigner à tout.

SCE-

SCENE III.

SOCRATE, XANTIPPE,
& les Disciples de Socrate.

XANTIPPE.

EH bien! pauvre homme, qu'est-ce que ces Gens de Loi ont conclû? êtes-vous condamné à l'amende? êtes-vous banni? êtes-vous absous? Mon Dieu! que vous m'avez donné d'inquiétude! tâchez, je vous prie, que cela n'arrive pas une seconde fois.

SOCRATE.

Non, ma femme, cela n'arrivera pas deux fois, je vous en réponds, ne soyez en peine de rien; soyez les bien venus, mes chers disciples, mes amis.

CRI-

CRITON *à la tête des disciples de Socrate.*

Vous nous voyez auſſi allarmés de vôtre ſort que vôtre femme Xantippe ; nous avons obtenu des Juges la permiſſion de vous voir. Juſte Ciel ! faut-il voir Socrate chargé de chaines ? ſouffrez que nous baiſions ces fers que vous honorez, & qui font la honte d'Athènes. Eſt-il poſſible qu'Anitus & les ſiens ayent pû vous mettre en cet état.

SOCRATE.

Ne penſons point à ces bagatelles, mes chers amis ; & continuons l'examen que nous faiſions hier de l'immortalité de l'ame. Nous diſions, ce me ſemble,

ble,

ble, que rien n'eſt plus probable & plus conſolant que cette idée. En effet la matière change & ne périt point. Pourquoi l'ame périrait-elle? ſe pourrait-il faire que nous étant élevés juſqu'à la connaiſſance d'un Dieu, à travers le voile du corps mortel, nous ceſſaſſions de le connaître quand ce voile ſera tombé? Non, puiſque nous penſons, nous penſerons toujours: la penſée eſt l'être de l'homme; cet être paraîtra devant un Dieu juſte, qui récompenſe la vertu, qui punit le crime, & qui pardonne les faibleſſes.

XANTIPPE.

C'eſt bien dit; mais que nous veut ce vilain homme avec ſon gobelet?

LE

LE GEOLIER, *ou valet des Onze,*
aportant la Taſſe de Ciguë.

Tenez, Socrate, voilà ce que le
Sénat vous envoye.

XANTIPPE.

Quoi! maudit empoiſonneur de
la République, tu viens ici tuer
mon mari en ma préſence! je te
déviſagerai, monſtre!

SOCRATE.

Mon cher ami, je vous demande pardon pour ma femme, elle
a toujours grondé ſon mari, elle
vous traite de même; je vous prie
d'excuſer cette petite vivacité.
Donnez.

(*Il prend le gobelet.*)

U N

UN DES DISCIPLES.

Que ne nous eſt - il permis de prendre ce poiſon, divin Socrate ! par quelle horrible injuſtice nous êtes - vous ravi ? Quoi! les criminels ont condamné le juſte ! les fanatiques ont proſcrit le Sage ! Vous allez mourir !

SOCRATE.

Non, je vais vivre. Voici le breuvage de l'immortalité. Ce n'eſt pas ce corps périſſable qui vous a aimés, qui vous a enſeignés ; c'eſt mon ame ſeule qui a vécu avec vous, & elle vous aimera à jamais.

(Il veut boire.)

LE VALET DES ONZE.

Il faut auparavant que je détache vos chaines, c'eſt la régle.

E   SOCRA-

SOCRATE.

Si c'eſt la régle , détachez.
(*Il ſe gratte un peu la jambe.*)

UN DES DISCIPLES.

Quoi ! vous ſouriez ?

SOCRATE.

Je ſouris en réfléchiſſant que le plaiſir vient de la douleur. C'eſt ainſi que la félicité éternelle naîtra des misères de cette vie.

(*Il boit.*)

CRITON.

Hélas! qu'avez-vous fait ?

XANTIPPE.

Hélas ! c'eſt pour je ne ſçai combien de diſcours ridicules de cette eſpéce, qu'on fait mourir ce pauvre

vre homme. En vérité, mon mari, vous me fendez le cœur, & j'étranglerais tous les Juges de mes mains. Je vous grondais, mais je vous aimais; & cé font des gens polis qui vous empoifonnent. Ah, ah! mon cher mari, ah!

S O C R A T E.

Calmez vous, ma bonne Xantippe; ne pleurez point, mes amis, il ne fied pas aux difciples de Socrate de répandre des larmes.

C R I T O N.

Et peut-on n'en pas verfer après cette fentence affreufe, après cet empoifonnement juridique?

SOCRATE.

C'eſt ainſi qu'on traitera ſouvent les adorateurs d'un Dieu, & les ennemis de la ſuperſtition.

CRITON.

Hélas faut-il que vous ſoyez une de ces victimes!

SOCRATE.

Il eſt beau d'être la victime de la Divinité. Je meurs ſatisfait. Il eſt vrai que j'aurais voulu joindre à la conſolation de vous voir, celle d'embraſſer auſſi Sophronime & Aglaé : je ſuis étonné de ne les pas voir ici ; ils auraient rendu mes derniers momens encor plus doux qu'ils ne ſont.

CRI-

CRITON.

Hélas ils ignorent que vous avez confommé l'iniquité de vos Juges; ils parlent au Peuple, ils encouragent les Magiftrats qui ont pris vôtre parti. Aglaé revéle le crime d'Anitus; fa honte va être publique: Aglaé & Sophronime vous fauveraient peut-être la vie. Ah, cher Socrate! pourquoi avez-vous précipité vos derniers momens?

E 3   SCE-

SCENE DERNIERE.

Les Acteurs précédents, AGLAE´,
SOPHRONIME.

AGLAE´.

Divin Socrate, ne craignez
rien; Xantippe, confolez
vous; dignes Difciples de Socrate,
ne pleurez plus.

SOPHRONIME.

Vos ennemis font confondus.
Tout le Peuple prend vôtre def-
fenfe.

AGLAE´.

Nous avons parlé, nous avons
revélé la jaloufie & l'intrigue de
l'im-

l'impie Anitus. C'était à moi de demander juſtice de ſon crime, puiſque j'en étais la cauſe.

S O P H R O N I M E.

Anitus ſe dérobe par la fuite à la fureur du Peuple ; on le pour-ſuit lui & ſes complices ; on rend des graces ſolemnelles aux Juges qui ont opiné en vôtre faveur. Le Peuple eſt à la porte de la priſon, & attend que vous paraiſſiez pour vous conduire chez vous en tri-omphe.

X A N T I P P E.

Hélas que de peines perdües !

U N D E S D I S C I P L E S.

O Ciel ! ô Socrate ! pourquoi obéiſſiez-vous ?

AGLAE'.

AGLAÉ.

Vivez, cher Socrate, bienfaiteur de vôtre patrie, modèle des hommes, vivez pour le bonheur du monde.

CRITON.

Couple vertueux, dignes amis, il n'eſt plus temps.

XANTIPPE.

Vous avez trop tardé.

AGLAÉ.

Comment! il n'eſt plus temps? juſte Ciel!

SOPHRONIME.

Quoi! Socrate aurait déja bû la coupe empoiſonnée?

SOCRA-

SOCRATE.

Aimable Aglaé, tendre Sophronime, la Loi ordonnait que je priſſe le poiſon; j'ai obéi à la Loi. Je vais mourir : mais l'exemple d'amitié & de grandeur d'ame que vous donnez au monde ne périra jamais. Vôtre vertu l'emporte ſur le crime de ceux qui m'ont accuſé. Je bénis ce qu'on appelle mon malheur; il a mis au jour toute la force de vôtre belle ame. Ma chère Xantippe, ſoyez heureuſe, & ſongez que pour l'être il faut dompter ſon humeur. Mes Diſciples bien - aimés, écoutez toujours la voix de la Philoſophie qui mépriſe les perſécuteurs, & qui prend pitié des faibleſſes humaines ; & vous,

vous, ma fille Aglaé, mon fils Sophronime, foyez toujours femblables à vous - mêmes.

A G L A E′.

Que nous fommes à plaindre de n'avoir pû mourir pour vous !

S O C R A T E.

Vôtre vie eft précieufe, la mienne eft inutile ; recevez mes tendres & derniers adieux. Les portes de l'Eternité s'ouvrent pour moi.

X A N T I P P E.

C'était un grand homme, quand j'y fonge ! Ah je vais foulever la Nation.

SOPHRONIME.

Puiſſions - nous élever des Temples à Socrate, ſi un homme en mérite !

CRITON.

Puiſſe au moins ſa ſageſſe apprendre aux hommes que c'eſt à Dieu ſeul que nous devons des Temples.

FIN.

9 782019 978181